日本大不同

岡部敬史——文

山出高士——攝

林詠純——譯

決戰！東西篇

　　這是一本講解「豆皮壽司」與「澡堂」等 34 組東（主要是關東）西（主要是關西）文化、風俗差異的書籍。

　　雖然至今市面上也有過這類比較「東西差異」的作品問世，但幾乎都只提供了文字資訊。而本書最大的特點就是所有的比較都搭配照片，使兩邊的差異一目了然。

　　書中的每一組「東西大不同」都會用 4 頁的篇幅來做介紹。前 2 頁刊出東西兩邊的照片，翻到後面則會解釋各自的特色，並提供相關資訊。

　　此外，照片都並非現成的資料，而是我們為了本書重新拍攝的心血，因此希望各位讀者也能透過專欄，感受到我們特地親自拍攝的誠意。

書中的「東西大不同」是根據日文五十音的順序排列，不過閱讀的時候當然沒有必要按照順序，大家可以拿起來翻一翻，從自己感興趣的部分開始欣賞。

　　順帶一提，關於「東西」的差異有各種不同的說法、解釋與例外。而這些差異也具備多樣性，會隨著時代、區域而改變，如果想要鉅細靡遺地說明不僅不切實際，也會改變本書的性質，所以書裡只會聚焦在其中一點來做介紹，還請各位讀者見諒。

　　本書的文字是由岡部敬史撰寫，照片則由山出高士拍攝。

　　希望閱讀本書的讀者不僅能夠清楚理解關東、關西之間的差異，也能透過「東西大不同」發現日本文化的豐富性。

——岡部敬史

目次

日本大不同
決戰東西篇

Part.
①

あ 行

あ
か 行

豆皮壽司
<ruby>いなりずし</ruby>

圓柱形的是「東邊的豆皮壽司」

三角形的是「西邊的豆皮壽司」

　　相傳以滷到甜鹹的豆皮將醋飯包起來的豆皮壽司，是稻荷神的使者——狐狸最喜歡的食物，因此又稱為「稻荷壽司」。東西的豆皮壽司形狀不同，關東呈現圓柱形，關西則呈現三角形。稻荷神是掌管五穀的神明，據說關東圓柱形的豆皮壽司，其形狀來自供奉稻荷神的「米俵※」，而關西三角形的豆皮壽司則來自狐狸耳朵或是伏見稻荷大社所在的稻荷山。此外豆皮裡面包的醋飯也不一樣，關東多半是白飯，關西則通常會加入配料。

※「俵」是將稻草編成圓柱形製成的容器，多用來包裝穀類、木炭等各種產品。

名店的豆皮壽司有著高雅的滋味

　　協助我們拍攝東邊豆皮壽司的，是照片中的「神田志乃多壽司本店」。西邊的豆皮壽司則由「京都壽司處 末廣」協助拍攝，後面提到的散壽司（P117）也是出自這裡。這兩家店的壽司都有著高雅的滋味，讓人忍不住伸出筷子，一口接一口品嚐。附帶一提，我問他們「哪一天會提供最多的豆皮壽司呢？」兩家店的回答都是「初午之日」。初午之日指的是 2 月第一個午日，也是掌管五穀之神降臨的日子，至今依然保留了在這天吃豆皮壽司的習俗。

黒輪
おでん

以濃厚湯頭燉煮的是「東邊的黑輪」

以清淡湯頭燉煮的是「西邊的黑輪」

「關東的湯頭較濃厚，關西的湯頭較清淡」——在討論烏龍麵與蕎麥麵時經常可以聽到的這般對比，其實也反映在黑輪上。關東的黑輪就像照片中呈現的那樣，是以味道較重的湯頭燉煮，至於關西的黑輪則偏好清淡口味。在食材方面，關東黑輪的特徵是會放入使用麵粉與魚漿製成的「竹輪麩」或「半片（はんぺん）※」，而關西的黑輪則會出現名為「飛龍頭（日文念作ひろず或者ひりょうず）」的炸豆腐丸子。

※ 半片：即 P14 照片中的白色物體。通常是用白肉魚漿混合山藥等調味製成。

東西的黑輪名店「日本橋御多幸本店」與「蛸長」

協助我們拍攝東邊黑輪的是位於東京日本橋的「日本橋御多幸本店」。這家創立於大正12（1923）年的老店使用多年來不斷添加新湯頭熬煮而成的秘傳高湯，吸飽湯汁的白蘿蔔滋味別具一格。至於協助提供西邊黑輪的是位於京都的名店「蛸長」，知名作家池波正太郎曾在著作中如此描述：「在這間店以聖護院蘿蔔、飛龍頭、鯨魚皮、海老芋等京都風的黑輪下酒，就是我的樂趣之一。」（節選自《昔日之味》，繁體中文版由自由之丘出版）採訪時品嘗的章魚與海老芋溫和卻紮實的滋味至今依然令人難以忘懷。

逐漸消失的東西差異

～傳統是一種意志～

以前在京都是不排隊的。

我在 20 年前左右從故鄉京都來到東京。當時在前往新年參拜時，對於眼前參拜客在賽錢箱前大排長龍的景象大感吃驚。

那個時候的京都人不會在賽錢箱前排隊，而是會自己找空位把香油錢投進箱子裡再行拜禮。記憶中如果賽錢箱前擠得水洩不通，有不少人甚至會從遠處「咻」地一聲把錢拋進箱子裡。

「畢竟是神明嘛，就算沒有按照順序許願也能聽懂的。」

由於京都是這種調調，所以我在東京看見排隊參拜的人龍時，留下了非常不可思議的印象。

雖然這次我為了觀察這樣的差異而來到「不排隊的關西」，沒想到所有人都變得會乖乖排隊了。20 年前曾經存在的關東與關西的差異，已經不見蹤影。

為了拍攝東邊黑輪吸飽濃厚湯汁的蘿蔔而尋找店家的時候，發現這樣的店其實比想像中少；至於拍攝澡堂時拜訪的竹殿湯老闆，也告訴我浴池位於中央的關西風澡堂正逐漸消失。

而在前往日本玩具博物館拍攝陀螺與達摩

的時候，館長說道：「相較之下玩具還算保留了地方特色吧。」這句話反過來說，似乎正代表其他事物的地域性已經逐漸消失了。《想要保留的日本之美201》（田中優子監修，長崎出版）的開頭曾提到「傳統是一種意志」，因為「只有當時的人『想要保留』的事物才會流傳下來」。

我讀了這一節之後，覺得這次接受採訪的人或許都稱得上是擁有「意志」的人。如果一切只管追求「效率」，想必會失去許多事物；然而因為這些人懷著「想要保留」的意志，才讓傳統得以延續下去。

透過這次的採訪，我了解到關東與關西的七味粉味道不同，於是分別將兩種七味粉都買了下來放在家裡。原本以為七味粉都是一樣的東西，但其實各具獨特風味與香氣，把兩者同時並列在餐桌上，總有種奢侈的感覺。正是擁有意志之人，將這樣的差異保留至今。

日本各個地區的文化差異並非在不知不覺間流傳下來，而是靠著意志傳承。我認為在一切都成熟發展的當今社會，地區差異是憑藉著意志而生。

這麼一想，就會開始覺得所謂的「東西差異」非常重要。我希望能透過這本書，將東邊與西邊的文化差異盡可能地傳承給久遠的後世。

調酒
カクテル

「西邊的調酒」則是神戶高球

「東邊的調酒」就是橫濱特調

　　橫濱與神戶並稱為東西兩大港都，且都分別存在冠上都市名稱的調酒。首先，直截了當地冠上東邊港都橫濱之名的「橫濱特調（ヨコハマ）」據說是由停靠在橫濱港的外國客船上的酒吧所開發；雖然外觀看似甜美，但實際上是以琴酒為基底並混合了伏特加，酒勁相當強烈。冠上西邊港町神戶之名的調酒則稱作「神戶高球（神戶ハイボール）」，會在不加冰塊的玻璃杯裡倒入冰涼的威士忌與碳酸水，再加入檸檬皮增添香氣。神戶高球是由 1954 年開業，1990 年歇業的同名店家「神戶高球」開發出來的調酒，而關西之所以會有許多業者提供這款調酒，據說也是受到該店的影響。

以正統結合出色創意的酒吧「BAR TOGO.T」

　　協助拍攝的是位於東京三軒茶屋「BAR TOGO.T」的老闆兼酒保東鄉龍宏先生。像是在高球調酒上點綴些許胡椒等等，他為經典口味添加創意的手法十分出色。這次以調製神戶風格的高球調酒為契機，東鄉先生開發了一款新口味的高球調酒，歡迎大家前往一試。我也趁機喝了一杯，不僅入喉順口，且香氣豐富。

いぬもあるけば
ぼうに
あたる

過街的
狗見
被棒打

歌牌
カルタ

いっすん
往前一歩
さき
就
やみのよ
看不見路

25

「往前一步就看不見路」是
「西邊的歌牌」

「過街的狗兒被棒打」是
「東邊的歌牌」

據說「伊呂波歌牌※」發源於江戶時代後期，整套歌牌共有 48 張詠唱牌，寫有以「い、ろ、は」等片假名開頭的 47 句諺語，以及 1 句以「京」開頭的諺語，並各都有一張將諺語畫成插圖的應和牌。這套歌牌分成江戶款與京都款，江戶款以「い」開頭的諺語是「犬（いぬ）も歩けば棒に当たる（惹禍上身）」，京都款則是「一寸（いっすん）先は闇（世事難料）」；至於以「に」開頭的諺語在江戶款是「憎まれ（にくまれ）っ子世にはばかる（壞人總得勢）」，京都款則是「二階（にかい）から目薬（從二樓滴眼藥水，指毫無效果）」，兩者差異甚大。唯一相同的就只有以「つ」開頭的「月（つき）夜に釜を抜く（月夜遭人偷大釜）」，意思是如果因為月光明亮就掉以輕心，將不會有好下場。

※ 所謂「歌牌」是一種競技者聽詠唱者朗誦詠唱牌，並依此搶奪應和牌的競技遊戲。

神保町的佛心商店「奧野歌牌店」

　　協助我們拍攝的是位於東京神保町的歌牌專賣店「奧野歌牌店」。本店除了販賣歌牌之外也從事企畫、製作，二樓的展示空間還展出了珍貴的百人一首歌牌等等。不僅如此，這裡也販賣撲克牌、將棋、圍棋、麻將等許多最近幾乎被人遺忘的室內遊戲，堪稱神保町不可多得的佛心商店，最適合來這裡尋找送給兒孫的禮物。

環狀線
かんじょうせん

「西邊的環狀線」以大阪環狀線為代表

東京與大阪分別有「山手線」與「大阪環狀線」這兩條環狀線（沿著環狀鐵道行駛的電車），但兩者在各自城市裡的存在感卻完全不同。提到東京的山手線，就會讓人聯想到新宿、澀谷、品川、東京、上野等大型車站，因此可說是東京這座大城市的主要幹線；另一方面，大阪環狀線則繞著主要市區的外圍行駛，說起主要轉運站也就只有大阪車站或天王寺站等，寥寥可數。我想應該沒有人會否認，大阪最具存在感的路線是串起梅田、淀屋橋、難波等主要鬧區的地下鐵御堂筋線。此外，兩條環狀線行駛的車輛也有差別，繞行山手線的是以綠色為基調的專用列車，至於大阪環狀線則會有許多來自其他路線的列車，也因此車輛的種類非常多元。

「東邊的環狀線」以山手線為代表

為什麼東邊與西邊會從不同的車門上公車？

　　想必有不少人對於關東與關西從不同的車門上公車這件事感到疑惑。東京多半從前門付錢上車，從後門下車；關西則通常如照片所示，會先從後門上車，等到從前門下車時再付錢。一般來說，如果不論搭車距離長短都是均一價的話就會採用東京式，票價隨距離變動則採用關西式，但如今即使票價固定，關西仍以後門上車為主流，堪稱是超越了便利性的東西習慣差異。在關西經常可以看到下車時向司機道謝的人，這或許也是從前門下車才養成的習慣。

寺田町的月台上保留的古老站名，外面以壓克力板保護

保留在住宅區的長屋。建築物由兩棟組成，內側有類似中庭的空間

蓋著煎蛋的炒飯「煎蛋飯」

攝影師專欄　我是這樣拍的

其 1

東邊「環狀線」的
車廂都一樣，好無聊

　　鐵道攝影不是我的專長，所以我在前往拍攝大阪環狀線之前，先上網蒐集了資訊，覺得從寺田町看過去的彎道感覺不錯，於是動身前往。當我在月台尾端架好攝影機後，看著電車一邊爬上平緩坡道一邊沿著彎道出現，心情也隨之雀躍不已，讓我多少理解了鐵道攝影迷的心情。

　　拍攝完畢之後在附近稍微走走，發現當地的景色相當耐

巷弄裡的地藏菩薩被祭祀在氣派的祠堂裡，相當受到重視

人尋味。如網狀交錯的巷子裡隨處可見建有中庭的傳統長屋，地藏菩薩的祠堂也打理得整齊美觀。車站前的什錦燒店理所當然地提供「什錦燒定食」，讓我有機會親眼一賭傳說中的碳水化合物套餐。被登錄為有形文化資產的昭和個性派澡堂「源橋溫泉」也在徒步範圍內，只可惜礙於時間無法前往。想也知道澡堂的浴池位於正中央 ※，真想泡泡看啊！

　至於山手線雖然因為種種複雜的原因只能在月台外拍攝，不過在經過一番調查之後得到的成果便是這張照片。我將鏡頭架在惠比壽與目黑站之間，好不容易才拍出了與大阪環狀線類似的角度。待攝影結束後，我切實地感受到兩邊列車種類的差異；大阪環狀線會有各種不同的列車開進來，一點也不無聊，但山手線幾乎都是相同的車廂，沒過多久就看膩了。只有在剛引進的新型車輛出現時，心情才會稍微振奮起來。

（文字／照片・山出高士）

寺田町陸橋下壽司店的樣品。
可以看到撒上蛋絲的關西風散壽司

山手線上唯一的平交道位於駒込到田端站之間。
高爾夫球雕塑是這裡的地標

※ 詳情請見 P94。

金封
きんぷう

御祝

御香奠

芳志前

後面的紙在上下露出三角形的是
「西邊的金封」

後面的紙在左端露出一條線的是
「東邊的金封」

「金封」是日本在婚喪喜慶時用來裝入禮金或奠儀的信封袋或包裝紙。大家常聽到的「御祝儀袋」是喜事用的金封，「香典袋」則是法事用。金封在關東與關西的有著不同的摺法，關東的金封採用「疊紙折」，可以看到後面的紙在左端露出一條線；而「疊紙」這個詞，其實是源自折起來揣進懷裡的草紙。至於關西的金封則採用後面的紙在上下露出三角形的「風呂敷折」（或稱為「大阪折」）。此外，裝飾金封的水引繩※也有地域的差別，比方說關西用在法事或法會的水引繩會採用黃色而非黑白的繩線。

※ 水引：一種主要用來裝飾禮品或是信封的繩線。

關西是風呂敷文化
關東則是手拭巾文化

在此協助攝影的是將各式各樣的金封出貨到日本全國各地，位於長野縣飯田市的「木下水引株式會社」。根據該公司負責人木下茂先生的說法，關西的金封之所以採用風呂敷折，是因為關西屬於風呂敷 ※ 文化。身為在關西出生的人，我未曾留意過有這樣的習慣，不過當我回到京都老家詢問「家裡有沒有風呂敷」時，卻翻出了一大堆，可見其所言不假。順帶一提，關東相較之下則屬於手拭巾（手ぬぐい）文化。而關東手拭巾的消費量之所以很大，似乎是因為祭典抬神轎時經常會用到的緣故。

※ 風呂敷：收納或搬運物品時用來包裹的布巾。

建築師
<ruby>建<rt>けん</rt></ruby><ruby>築<rt>ちく</rt></ruby><ruby>師<rt>か</rt></ruby>

西

「西邊的建築師」是村野藤吾

「東邊的建築師」是丹下健三

所謂「東丹下，西村野」說的是兩位經常被拿來相提並論的優秀建築師。「丹下」指的是丹下健三，他從二戰結束後到日本進入高度經濟成長期的這段時間設計了許多公共建築，如代代木第一體育館、照片中的東京都廳等，都被視為他的代表作。至於「村野」則是以關西為中心打造許多作品的村野藤吾，比起丹下參與了不少公共建築的設計，村野則留下較多私人建築的名作；而照片中的尼崎市廳舍（市政府）便是他少有的公共建築作品。

保留於市區正中心的 村野藤吾

　　丹下健三的生卒年為 1913 年～ 2005 年，村野藤吾則為 1891 年～ 1984 年，比丹下還要早 20 年去世。由於距離村野逝世至今已經過了 30 年以上，因此不少建築都遭到拆除，能夠親眼看見的機會愈來愈少。照片中的梅田換氣塔正是少數還能在大阪市中心看到的村野之作，當初是作為讓梅田地下街能夠通風而打造的建築結構，相當耐人尋味。前往大阪梅田時，不妨駐足端詳一番。

陀
螺
コマ

鐵製軸心的是「西邊的陀螺」

木製軸心的是「東邊的陀螺」

日本人小時候玩的陀螺，根據地域在形狀上也有相當大的差異。比較東邊與西邊的陀螺，最顯而易見的差別便是軸心的材質。東邊的陀螺採用又粗又長的木製軸心，西邊的陀螺則多半採用細細的鐵製軸心。此外繩子的捲法也不一樣，東邊是捲在軸心下方，西邊則捲在上方。照片中「東邊的陀螺」是來自神奈川縣伊勢原市的大山陀螺，「西邊的陀螺」則是出自兵庫縣姬路市。

旋轉的陀螺

甚至有能在雪地上

　　陀螺的地區性非常豐富，例如照片右邊水滴形的陀螺出自長崎縣佐世保市，這種陀螺的玩法不是比賽旋轉時間，而是把手上的陀螺丟向對手的陀螺。左邊則是青森的醋栗陀螺，能夠在踩實的雪地上旋轉，而中間之所以挖空應該是為了減輕陀螺本身的重量。這些陀螺在「日本玩具博物館」都有收藏，而館長也親自為我們示範如何打醋栗陀螺。靜靜地旋轉並浮現美麗模樣的陀螺，在雪地上想必會顯得很美吧。真希望有一天可以在下雪的青森小試身手。

東西相提並論的人物與場所

～聽過半泥子與鬼貫嗎？～

例如「東丹下，西村野」（P38）等等，本書雖然介紹了一些東西相提並論的事物，但還是有很多漏網之魚，在此一併做個簡單的講解。綜觀而言，這類事物大致都以「人物」或「場所」較為有名。

東西並稱的「人物」，有「東魯山人，西半泥子」。想必不少人都知道魯山人指的是漫畫《美味大挑戰》裡的角色海原雄山的原型——陶藝家北大路魯山人，但說到「半泥子」應該就沒多少人聽過。半泥子指的是出

生於三重縣，晚年亦在故鄉從事陶藝創作的川喜田半泥子；他在擔任銀行董事之餘，除了陶藝以外也熱衷於書畫、俳句、茶道等多種領域，確實會讓人聯想到魯山人。

「東芭蕉，西鬼貫」也一樣，雖然認識東邊的代表，西邊的卻沒什麼概念。「芭蕉」指的當然就是俳句詩人松尾芭蕉，鬼貫則是指江戶時代中期出生於現今兵庫縣伊丹市的俳句詩人上島鬼貫。芭蕉留下了許多經典名句，包括「萬籟俱寂中，唯有蟬鳴沁岩石」；

而鬼貫則是以「欲捨沐身水，卻聞秋蟲鳴不止」為人所知。

至於可以相提並論的場所，則有所謂的「西吉野，東櫻川」，代表了東西兩邊的賞櫻名勝。「吉野」指的是坐擁 3 萬株櫻花的奈良吉野山，「櫻川」則位於茨城縣櫻川市磯部地區。相較於日本知名度最高的吉野，櫻川就連在關東也不太有名。通常東西並稱時，會以「東～」作為開頭，而像這樣以「西～」為開頭的情況，顯然是根據西邊某項有名的事物照樣造句；例如以織品產地並稱的「西西陣，東桐生」等，或許皆是如此。

像這種東西並稱的說法其實不僅限於過去，也一路延續到了現代。比方說象徵高中名校的「東開成，西灘」，或是知名棋士「東羽生，西村山」等等都是一例。

這次調查最令人意外的就是「西鎌倉，東

荻窪之所以成為熱門別墅區的契機之一，是因為前首相近衛文麿曾在此居住。該幢宅邸稱為「荻外莊」，歷史上有好幾場重要會議都在此舉行。照片中是「荻外莊」的原址，現在則計畫整理成「荻外莊公園（暫定名稱）」，從遠處也能看到近衛文麿宅邸的屋頂。

荻窪」了。據說這裡指的是大正到昭和初期東京近郊特別熱門的兩大別墅區，雖然荻窪和吉祥寺等地比起來給人毫不起眼的印象，卻因為這句話令我大為改觀。

日本大不同
決戰東西篇

Part.
②

さ行

た行

櫻餅

さくらもち

外形像薄餅的是「東邊的櫻餅」

外形像小饅頭的是「西邊的櫻餅」

　　一般被稱為「櫻餅」的和菓子在關東與關西也呈現不同的形式。關東櫻餅的做法是將麵粉製成的餅皮桿開，製成薄餅狀後包進內餡，最外層再包上櫻花葉；關西的櫻餅則是將道明寺粉 ※ 蒸熟，包進內餡製成小饅頭狀，最後再覆蓋上櫻花葉的點心。道明寺粉據說是源自大阪的寺院道明寺所發明的乾糧，而關西的櫻餅之所以有「道明寺」的別名，就是因為使用道明寺粉製作的緣故。

※ 道明寺粉：將泡水蒸熟的糯米乾燥後輾成粗粒狀製成的食品。

在吃櫻餅的時候應該拿掉櫻花葉，還是一起吃？

　　協助我們拍攝東邊櫻餅的是位於東京的「長命寺櫻餅 山本屋」。關東的櫻餅正是起源自這家店的創始人山本新六將堤防上的櫻花葉用鹽醃漬後販賣，一年到頭都有供應。關西的櫻餅則多虧「鶴屋八幡 大阪本店」的協助，這裡的櫻餅只在2月與3月限定販售。關於「櫻花葉要直接包著吃嗎？」這個問題，兩間店基本上都認為「看個人喜好」，但東邊的名店建議先拿下來再吃，西邊名店的負責人則表示「會把一片拿下來，留一片一起吃」。這也是我個人偏好的吃法。

ざぶとん

坐塾

壓線呈十字型的是「東邊的坐墊」

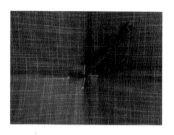

壓線呈 Y 字型的是「西邊的坐墊」

坐墊的東西差異，在於為了避免內部棉花移動而縫於中央的「壓線」。若是關東的坐墊壓線會呈十字型（或「╳」型），關西（尤其是京都與滋賀縣）則以 Y 字型（或「人」字型）居多。過去關西盛行生產坐墊，然而當地所採用的 Y 字型壓線在作業上比較費工，也許是因為如此等到關東也開始生產坐墊的時候，才加以簡化成十字型。

完全純手工製作
「森棉製品店」的坐墊

協助我們拍攝的是位於東京都江東區的「森棉製品店」。店裡平常製作的坐墊全都採用十字型或╳型壓線，但這次為了攝影特別以 Y 字型壓線製作。店裡生產的坐墊皆為純手工製作，每個坐墊都由師傅花大約 20 分鐘的時間仔細縫製而成，但照片中的款式卻只賣 3080 日圓，划算得驚人。正因為採取手縫，所以能夠做出彷彿貼合雙腳的曲線，坐起來據說比較不會腳麻。如今也能透過網路購買，不妨參考看看。

七味粉 <ruby>しちみとうがらし</ruby>

山椒粉較明顯的是「西邊的七味粉」

辣椒粉較明顯的是「東邊的七味粉」

「七味粉」是撒在蕎麥麵或烏龍麵上的調味料，所謂「七味」指的是以辣椒為基底，再加入數種香料調製而成。換句話說，這 7 種要素沒有固定的配方，不同的地區與製造商會調出不同的口味。照片中「東邊的七味粉」來自東京都台東區的「藥研堀七味唐辛子本舖」，使用原料包括「黑芝麻、焙煎辣椒、陳皮、山椒、罌粟籽、麻籽、辣椒」，外觀以辣椒的紅色為主；至於「西邊的七味粉」則來自京都市東山區的「七味家本舖」，混合了「辣椒、白芝麻、黑芝麻、山椒、青海苔、青紫蘇、苧麻籽」，整體而言以山椒的黑色最為明顯。

這就是日本三大七味粉

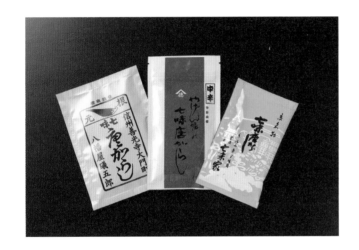

　　東京的「藥研堀七味唐辛子本舖」、京都的「七味家本舖」，再加上廣為人知的長野善光寺名店「八幡屋礒五郎」，就是有「日本三大七味粉」之稱的三大名店。這次為了實際體驗味道的差異一次將3種買齊，在每當有麵食端上餐桌時一一嘗試，實在是愉快又奢侈。大家也不妨試著湊齊「三大七味」，絕對物超所值。

實業家
<ruby>じつぎょうか</ruby>

「西邊的實業家」是五代友厚

為日本近代化做出偉大貢獻的兩大實業家有所謂的「東澀澤，西五代」，其中「澀澤」指的是 1840 年出生於武藏（現在的埼玉縣深谷市）的澀澤榮一，他的銅像就豎立在東京都千代田區的常盤橋公園；而「五代」則是指 1836 年出生於薩摩（現在的鹿兒島縣）的五代友厚，其銅像就矗立在大阪市中央區的大阪交易所前。澀澤榮一的主要功績在於指導成立日本最早的銀行「第一國立銀行」，以及東京海上保險、東京瓦斯等以東京為據點的企業，另一方面五代友厚則是大阪商工會議所的首屆會長，並協助成立大阪商船與大阪青銅公司等企業，被譽為「大阪的恩人」。

「東邊的實業家」是澀澤榮一

日本銀行大阪分行就建造在五代友厚的舊邸

　　2015 年秋天在日本播出的 NHK 晨間劇「日本第一女商人」中登場的五代友厚由於大受歡迎，因此大阪交易所前的銅像一時之間還成了熱門的觀光景點。其實五代的銅像在大阪商工會議所（大阪市中央區）前也能看到，此外照片中位於大阪市北區的日本銀行大阪分行，正是五代友厚的舊邸遺址。像這樣與「恩人五代」有淵源的場所在大阪市隨處可見。

就連鰻魚、吐司以及馬鈴薯燉肉通通不一樣

～說不完的關東關西大不同～

本書主要透過照片介紹「關東與關西」的差異，但沒提到的其實還有很多，在此將為各位介紹其中幾項。

首先是「鰻魚」。在處理鰻魚時關東會從魚背剖開，關西則從魚腹剖開。此外關東的鰻魚會先蒸過再烤，所以口感鬆軟；關西則會直接燒烤，因此香氣濃郁、表皮酥脆。這些差異在日本人當中算是人盡皆知，但是當我詢問同時提供關東風與關西風兩種做法的店家時，對方卻回答：「雖然一吃就知道不一樣，但是外觀其實沒有太大的差別啦。」雖然我想過如果實際前往各自的發源地拍攝，應該還是能拍出不同之處，不過這次還是先作罷了。此外壽喜燒也是一例，關東的吃法是直接用醬汁煮，關西則是半煎半煮；然而光靠一張照片想必也很難看出差別，所以也沒有列入這次的拍攝主題。

關東與關西就連吐司厚度的喜好也不同。

關西偏好將半條吐司切成 **4** 片或 **5** 片的厚片，關東則偏好切成 **6** 片或 **8** 片的薄片。由此可知如果換成吐司，就變成關西喜歡鬆軟，關東喜歡酥脆，正好與鰻魚的情況相反。

此外，關東與關西對於廁所捲筒衛生紙也有不同偏好，關西以單層居多，關東則似乎以雙層更受歡迎。雙層的觸感雖然比較好，但長度只有單層的一半；儘管有人推測精打細算的關西人之所以偏好單層衛生紙是因為可以用比較久，但箇中理由其實眾說紛紜。畢竟關西人也不一定都很小氣，像是肉品中價格最高的牛肉，關西的購買量就遠遠高過關東。

順帶一提，關西說到「肉」通常就是指牛肉，一般來說馬鈴薯燉肉、豆腐燉肉用的都是牛肉；包豬肉而非牛肉的包子，通常也不會稱為「肉包」，而是會稱為「豬肉包」。

提到關東關西的差別，一定會討論到搭手扶梯的時候要站在哪一邊。然而實際上站在右側的只有大阪、兵庫、奈良、和歌山這幾個地方，並非西日本一帶都會這麼做。關於這個問題，在《不曾有人調查過的 100 個謎團》（堀井憲一郎著，文藝春秋）中有詳細的解說，有興趣的人不妨參考看看。

相較之下，關東的馬鈴薯燉肉則以豬肉為主流，由此可以看出「關西＝牛肉文化／關東＝豬肉文化」的傾向。話說回來，身為關西人的我在吃肉包的時候習慣蘸黃芥末，但這似乎也是關西才有的文化，東京的肉包顯然沒有這種吃法。拜託給我一包黃芥末吧！

消防徽章
しょうぼうもんしょう

中央的圓比較大的是
「西邊的消防徽章」

中央的圓比較小的是
「東邊的消防徽章」

　　象徵消防署的消防徽章，也正如照片所示有些微的東西差異。這兩個徽章都是由福井縣的「株式會社廣部硬器」所製作。該公司主要從事陶瓷塑形，原本製作的只有關西型的徽章，後來在 15 年前左右得知「東京消防廳的消防徽章有正式的設計圖」，便開始根據這份設計圖製作新的徽章。在得到東京消防廳的認可與採用之後，成為從北海道到長野、新潟、靜岡一帶都使用的「關東型」徽章，至於舊款的徽章則成為富山、愛知、岐阜以西使用的關西型。順帶一提，消防徽章的設計是以雪的結晶形狀為基礎，再搭配水管噴出的水柱。

「株式會社廣部硬器」也製作警察徽章

　　這次提供協助的「株式會社廣部硬器」之所以開始製作消防徽章，據說是因為原本採用木頭或金屬製作的警察徽章容易腐朽或生鏽，使用年限都不長，所以才試著以陶瓷製作警察徽章。在獲得官方採用之後，於是以此為契機開始製作消防徽章。相較於消防徽章是以雪花為基礎設計，警察徽章則是結合了旭日與太陽的光芒。

繩紋土器

じょうもんどき

形狀與紋樣單純的是
「西邊的繩紋土器」

有著立體裝飾的是
「東邊的繩紋土器」

　　繩紋時代使用的繩紋土器也會根據地區而有不同的
特徵。以東西的差異來說，便是「東日本的土器造形
繁複，有立體的裝飾；西日本的土器則無論形狀還是
紋樣都很單純」。照片中象徵東邊的土器，是從栃木
縣那須鹽原市的槻澤遺跡出土，推測已有 4900 年歷
史。西邊的土器則是出自岡山縣倉敷市的里木貝塚，
年代約為 4800 年前。東日本的土器之所以會像這樣裝
飾繁複，推測是因為東邊人口多於西邊，且全年過著
定居生活，因此社會相對複雜化，巫術之類的精神文
化也變得較為發達的緣故。

能夠一覽日本全國繩紋土器的「國立歷史民俗博物館」

　　協助攝影的是位於千葉縣佐倉市的「國立歷史民俗博物館」。這座巨大的歷史博物館由「原始・古代」到「現代」共有6間展示室，並將全國的繩紋土器擺在一起展示，能將地區特色一覽無遺。以這樣的形式展示土器的地方應該僅此一處，若是考古學迷千萬不能錯過。從京成佐倉站搭公車只要5分鐘左右便能抵達，走路約需15分鐘，每周一休館。開放時間等其他詳細資訊，請參考官方網站（https://www.rekihaku.ac.jp/）。

＊本書介紹的「東邊的繩紋土器」是國立歷史民俗博物館向那須野原博物館借來展示的藏品。
「西邊的繩紋土器」則是複製品，真品現藏於倉敷考古館。

關卡 <ruby>せき</ruby>

東

西

「西邊的關卡」是逢坂關

現在所謂的「關東」與「關西」雖然用來指稱特定區域，但原本的意思其實是「關卡的東側」與「關卡的西側」。這裡的關卡指的是東邊的「箱根關」（現在的神奈川縣足柄下郡箱根町）與西邊的「逢坂關」（現在的滋賀縣大津市大谷町）。不過從平安時代到中世時期 ※ 為止，會將東海道的要衝逢坂關以西稱為關西，逢坂關以東稱為關東；到了中世以後，由於東海道的交通量增加，箱根關卡的重要度與日俱增，關東於是成為箱根關以東的代稱，自江戶幕府成立後才用來指稱相當於現今關東地區的地域。由此可知，關東與關西所代表的區域，其實曾隨著時代而變動。

「東邊的關卡」是箱根關

※ 約相當於 12 到 16 世紀。

位於逢坂關的「關蟬丸神社」

　　如今在昔日箱根關卡所在位置的旁邊設有「箱根關所資料館」，透過館內的展示可以了解當時的情景，而逢坂關附近則有一座「關蟬丸神社」。說到逢坂關，應該不少人都會聯想到百人一首中的一段和歌：「此處即為兮，來來往往亂紛紛，相逢復別離，萍水親朋皆如是，逢坂關卡也。」這首和歌的作者蟬丸曾住在當地的逢坂山，同時也是這座神社祭祀的對象。

隔著拜殿眺望「關蟬丸神社」本殿。周圍的光線很有氣氛

突然出現的美國短毛貓。踩著悠哉的步伐離去

小巧的大谷站

攝影師專欄　我是這樣拍的

其2

位於西邊「關卡」附近的
鰻魚餐廳與關蟬丸神社

　　逢坂關卡遺址就位在收藏了許多國寶與重要文化資產的三井寺附近。但國道 1 號線沿路上就只有石碑以及應該是後來才豎立的長明燈，幾乎沒有美景可言，讓身為攝影師的我感到欲哭無淚。

　　面對這種直接拍沒什麼看頭的場景時，我通常會用小小的閃光燈打光。若是發現照片拍攝的時間明明是白天卻宛

鰻魚店前的門松。關西的門松色彩比關東豐富

如夜色，或是在不可思議的方向出現陰影，還希望各位賜我一句「山出先生，你盡力了」。

　距離逢坂關卡遺址最近的車站是京阪京津線的大谷站，周邊有好幾間提供鰻魚料理的店家。此外登上「關蟬丸神社」的石階之後，就能看到宏偉的拜殿與正後方的小巧正殿連成一直線，逆光的效果也營造出神聖的氣氛。當我趴在地上盯著相機的觀景窗，試圖從比較低的角度拍出景深的時候，某個物體突然一躍而出；要是白蛇的話就會讓人覺得很幸運（不然白貓也好），但出現在眼前的卻是一隻美國短毛貓。牠捲起尾巴凝望了拜殿好一陣子，而後便飛快地消失在草叢當中。

（文字／照片・山出高士）

從大津方向爬上坡道就是關卡遺址。由於交通流量大且車速快，通過時必須多加留意

「瀨田的唐橋」也在這一帶。日文「欲速則不達」的語源正是出自與這座橋有關的和歌。

線香花火

せんこうはなび

以紙製成的是「東邊的線香花火」

　　各位或許以為日本全國各地的線香花火（仙女棒）外形都大同小異，但若是追溯其歷史，便會發現東西之間的差異。過去關西盛行稻作，擁有大量的稻草，因此主要會使用稱為「稻苞」的稻草硬芯部分製作線香花火；至於稻作不太普及但盛行抄紙的關東，則以用紙包住火藥製成的線香花火為主流。照片中由「筒井正時玩具花火製造所」所製作的線香花火依然保有過去的樣貌，分別名為「長手牡丹」（東）與「稻苞手牡丹」（西）。

以稻草製成的是「西邊的線香花火」

製作東西線香花火的「筒井正時玩具花火製造所」

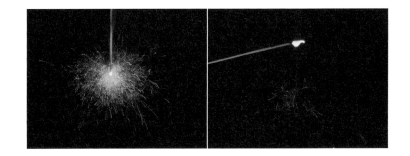

　　協助我們拍攝照片的「筒井正時玩具花火製造所」位於福岡縣三山市，專門製造給孩子玩的煙火。日本如今還在製作國產線香花火的商店，包含筒井正時在內僅有 3 家，而使用稻草製作傳統關西線香花火的更是僅此一處。用於拍攝的線香花火在玩法上也有若干差異，東邊的煙火是豎立著朝下燃燒，西邊的煙火則是將點火處朝上。兩種煙火從點火到消逝皆呈現出豐富的表情，品質非常好。不妨參考看看店家網站上關於購買方式的介紹。

線香花火

善哉
ぜんざい

湯汁較少的是「東邊的善哉」

「善哉」是一種類似紅豆湯的甜點，在關東關西也有著極大的差異。西邊的善哉指的是保留紅豆顆粒煮成的甜湯，東邊的善哉則如同照片所示，是幾乎沒有湯汁的豆沙甜點。與善哉類似的還有「汁粉（おしるこ）」，這在關西專指用紅豆沙製成的甜湯，但到了關東卻會用來泛指所有甜湯。畢竟就是因為有湯汁，所以才叫做「汁」粉。

湯汁較多的是「西邊的善哉」

帶有歷史風情的「梅園」與「甘味處 祇園小森」

　　協助本書拍攝東邊善哉的是位於東京淺草的名店「梅園」。照片中的「粟善哉」從江戶時代就是淺草觀光必吃的知名甜點，可以盡情享受經過精心熬煮的豆沙風味。西邊的善哉則是來自「甘味處 祇園小森」所提供的「栗子麻糬善哉」，這家店開在古老的茶屋建築裡，不僅洋溢著濃厚的古都風情，作為搭配的鹽漬櫻花也很有京都的味道。

摺扇 <small>せんす</small>

扇骨少的是「東邊的摺扇」

扇骨多的是「西邊的摺扇」

　　摺扇在日本不單單只是搧風用的工具，也使用在舞蹈與茶席，從古至今都深植於日本文化當中。京都自古便是知名的摺扇產地，關西的「京扇子」一般而言有 35 根扇骨（照片中為 45 根），反觀在東京製作的「江戶扇子」則通常只有 15 根，使得密集的扇骨數量成為西邊摺扇的特徵。此外，京扇子製作時採取分工作業，江戶扇子卻是由一人包辦將近 30 道的工序，也因此習得技術需要花費很長的時間，目前製作的職人已是寥寥可數。

團扇與摺扇專賣店「株式會社 松根屋」

　　這次協助採訪的是位於東京淺草橋的團扇與摺扇專賣店「株式會社 松根屋」。照片中的都是女用摺扇，男用的尺寸則相對要大得多。該店創業於大正3（1914）年，不只販賣各式各樣的摺扇，也提供摺扇的修理服務。近來外國客人亦逐年增加，輕巧又帶有日本風情的摺扇更成了大受歡迎的出國伴手禮。

澡堂
せんとう

浴池在後方的是「東邊的澡堂」

在關東和關西，就連澡堂浴池的位置也有不同的配置——關東澡堂的浴池會在浴場的後方，關西則設置在浴場的中央。雖然理由眾說紛紜，但普遍認為最有力的說法是因為關東做粗工的人較多，必須先將身上的汗水、泥巴沖乾淨再泡澡，所以把浴池擺在後方；相形之下關西商人較多，習慣先把身體泡暖再沖洗，浴池因而位居中央。不過，把浴池設置在中央會導致管線配置變得複雜，因此如今即便在關西，浴池在中央的澡堂也已經愈來愈少了。

浴池在中央的是「西邊的澡堂」

同樣珍貴的
神樂坂「熱海湯」與
京都「竹殿湯」

　　這次協助拍攝關東澡堂的是位於東京神樂坂的「熱海湯」。該座澡堂是浴池位於後方的正統關東式澡堂，牆壁上每4年就會重漆一次的富士山背景也相當壯觀。關西澡堂的拍攝地則是從大正時代一路延續至今，位於京都市北區的「竹殿湯」；即使經過重新裝潢，浴池也依然位居中央，讓關西風澡堂的特徵得以留存。

關西的門牌做得大，澡堂的臉盆卻很小

～東西尺寸的差異～

　　在關東與關西，就算是相同的物品也會有不同的尺寸。

　　首先最廣為人知的應該就是榻榻米了。關西的榻榻米使用的單位是「京間」，其長邊比關東使用的「江戶間」還要長 15 公分。造成這種差異的原因之一是後來制定江戶間的時候，當時 1 間（日本的長度單位，與榻榻米的長邊近乎等長）的長度就已經縮短了。有一說認為這是因為相同單位的尺寸愈

小，就能徵收更多年貢 ※，於是德川家康便修改了單位的長度。

　　關西比關東大的還有門牌。據說這是江戶時代商業發達的關西為了讓自己的門牌比別人更顯眼，所以會做得比較大，而關東則因為講求格調，因此偏好小巧的門牌。但現在相同規格的門牌已經普及日本全國，想必已經沒有像過去那樣的差別了。不過，當我懷著「關西的門牌，真的做得比較大嗎？」的

※ 當時徵稅的單位應是以土地面積為基準，因此丈量的單位越小，就能提高年貢的數量。

疑問走在關西街頭時，確實看到好幾個東京少見的大型門牌，可見這樣的差異多少還是有保留下來。

另一方面，以關東比關西大的物品來說，則是骨灰罈。這是因為關東會將所有骨灰都裝進骨灰罈裡，而關西則習慣只裝入喉結附近的遺骨，因此骨灰罈只有兩寸（**7.6**公分）大，比關東的迷你許多。

讓人比較意外的是，關西的澡堂臉盆也比關東小。正如前文的「澡堂」（P94）所提到，關東與關西原本就有不同的泡澡順序，關東會將身體沖洗乾淨再泡澡，關西則會先把身體泡暖再沖洗，因此需要先用臉盆舀起浴池的熱水淋在身上，稱為「淋湯」。如此一來，

這是我一邊思考著「關西的門牌真的比較大嗎？」一邊走在京都街頭的時候，經常看到的「鍾馗像」。鍾馗原本是來自中國的神明，被認為能夠鎮煞除惡、保佑學業成就。由於造型多變，觀察起來很有趣，有機會到京都走一遭的話不妨找看看。

大型臉盆不僅會因為太重不好使用，也很浪費水，自然臉盆的尺寸就做得比關東小。堪稱是澡堂臉盆代名詞的黃色塑膠盆「ケロリン桶※」也有分成關東與關西用的尺寸，且都能在「鎮痛丹粉絲俱樂部」的網站上買到。

※ 由內外藥品（現為富山めぐみ製藥株式會社）在昭和 **38**（**1963**）年用來宣傳該公司生產的鎮痛劑「ケロリン」而製作的塑膠臉盆，由於大受好評而普及至日本全國的大眾澡堂、溫泉以及各種設施的公共浴室。

計程車
タクシー

以黑色為主的是「西邊的計程車」

色彩繽紛的是「東邊的計程車」

　　計程車的顏色差異，或許會讓從東京到大阪，或是從大阪到東京的人感到疑惑不已。作為關東代表在 JR 東京車站前拍攝到的計程車大軍正如照片中所示，呈現相當繽紛豐富的色彩；另一方面，在 JR 大阪車站前目擊到的計程車卻有一半以上都是黑色。造成這種差異的主要原因之一便是「包車」的存在，由於採取完全預約制，不提供隨招隨停的載客服務，因此一般為了強調高級感，外觀都會以黑色為主。然而關西提供包車服務的車輛較少，因此計程車也會兼做預約生意，黑色車體自然就變多了。此外，黑色車體用途較廣，不論婚喪喜慶都適用，這或許也是在當地受歡迎的原因之一。

姬路的計程車全部都是黑色

　　關西的計程車應該全都是黑色的吧？我懷著這樣的想法前往大阪車站，結果發現雖然黑色的計程車確實很多，但多多少少還是有一些其他顏色。至於東京車站也相同，雖然以彩色為大宗，但並不是完全沒有黑色的計程車。正當我心想「應該不會有哪個地方是全黑的吧」，卻在採訪途中被順路造訪的姬路車站嚇了一跳。如同各位看到的這張照片，整面的黑色令人心曠神怡。如果更加詳細調查計程車的色彩分布，也許能發現更多地域性的差異。

雞蛋三明治 タマゴサンド

西

使用水煮蛋的是「東邊的雞蛋三明治」

「雞蛋三明治」可說是三明治中的經典，甚至還能從中看到東西兩邊的差異。關東的雞蛋三明治（或者該說日本全國普遍常見的雞蛋三明治）裡頭夾的是將水煮蛋壓碎並拌入美乃滋的蛋沙拉，但在關西還有另一種主流，即夾著煎蛋的雞蛋三明治。而且這裡說的「煎蛋」也有各種不同的做法，有的是像一般所謂的「玉子燒」，有的則類似於西式炒蛋，就連麵包也有分成烤過或沒烤過的吐司。不過就算在關西，夾著蛋沙拉的雞蛋三明治也已經相當普及。

使用煎蛋的是「西邊的雞蛋三明治」

在「COFFEE HOUSE maki」可以嘗到兩種風格的雞蛋三明治

　　協助我們拍攝的是位在京都市上京區出町柳的「COFFEE HOUSE maki」，在這裡可以同時嘗到兩種不同風格的雞蛋三明治。該店提供的關西風雞蛋三明治稱為「和風雞蛋三明治」，吐司會先烤過，並夾著海苔與柴魚片，是店家獨創的日式口味。由於位在下鴨神社附近，據說當地人比較偏好關西風格，觀光客則偏好關東風格。前來京都觀光時，不妨試試看關西風的雞蛋三明治，烤至香酥的吐司與玉子燒堪稱天作之合。

西

玉子焼鍋

たまごやきき

109

長方形的是「西邊的玉子燒鍋」

正方形的是「東邊的玉子燒鍋」

說到玉子燒鍋，多數人腦海裡應該都會浮現長方形的鍋子，但這其實是稱為「西型（關西型）」的樣式。由於關西偏好口感軟嫩的玉子燒，煎的時候會反覆好幾次把蛋皮捲起來的步驟，所以長方形的鍋子會比較方便；相對地，東型的玉子燒鍋則呈現正方形，而且會附上蓋子。這是因為關東的玉子燒不會反覆捲好幾次，而是以小火慢煎，最後再把鍋子倒扣到蓋子上取出。由於多數食譜介紹的玉子燒做法都是採用西邊的玉子燒鍋，使得現在家庭用的玉子燒鍋多半都以關西式的長方形為主。

試吃了用關東玉子燒鍋製作的玉子燒

　　「我好像沒吃過用關東型玉子燒鍋做成的玉子燒……」就在我這樣懷疑自己時，協助拍攝「散壽司」（P116）的東京日本橋「蛇之市本店」特地製作了關東風玉子燒讓我外帶回家品嘗。雖然吃起來像長崎蛋糕一樣香甜，但一點也不膩口，蛋液裡加入的蝦子也散發出濃郁的香氣，口味確實與關西長方形玉子燒鍋製作出來的成品截然不同。這種關東風玉子燒料理起來其實相當費工，所以似乎變得愈來愈稀有，如果有機會的話務必嘗試看看。

達摩
だるま

沒有黑眼珠的是「東邊的達摩」

綁著頭巾的是「西邊的達摩」

　　廣受日本全國喜愛的「達摩」人偶，也有關東與關西的差異。雖然達摩時常會讓人聯想到在選舉當選或願望實現時為其畫上黑眼珠的儀式，但其實這種「沒有眼珠的達摩」在關東比較常見，關西則以頭上綁著頭巾的達摩為主流。此外，達摩的地方特色其實相當多元，譬如四國與九州有許多仿照女性製作的「女達摩」，山梨縣甲府市有白色的達摩，宮城縣仙台市甚至存在著臉部周圍塗成靛藍色的達摩。

「日本玩具博物館」收藏了
日本國內外共**9**萬件以上的玩具

　　協助我們拍攝「達摩」與「陀螺」（P42）的是位於兵庫縣姬路市的「日本玩具博物館」。這座博物館收藏了日本國內外的鄉土玩具與近代玩具、傳統人偶等超過9萬件以上的藏品，據說是始於館長井上重義先生個人的資料蒐集。除了令人目不暇給的收藏品，6棟白壁土藏（倉庫）造型的建築也十分美麗。這座寶貴的博物館位在香呂站附近，從JR姬路車站搭乘在來線約15分鐘即可抵達，在參觀姬路城之餘非常值得列入行程裡，推薦各位前往一探究竟。

達摩

散壽司
ちらしずし

使用生海鮮的是「東邊的散壽司」

把壽司料擺在醋飯上的「散壽司」，在關東與關西也呈現完全不同的風貌。首先，最大的差別在於東邊的散壽司使用大量的生海鮮，但西邊的散壽司通常不用生料。此外，日文中還有一種與散壽司（ちらし寿司）相似的料理稱作「バラ寿司」，但如果查辭典多半會發現兩者意思相同，只不過因為後者的「バラ」有將生魚片邊料切成碎丁之意，所以也有人認為「バラ寿司」指的是將海鮮切得更小塊並混合在一起的散壽司。

不使用生海鮮的是「西邊的散壽司」

美味的東西風格散壽司
同時滿足視覺與味覺

　　協助我們拍攝關東風散壽司的是位於東京日本橋的「蛇之市本店」。該店的「特上散壽司」使用傳統江戶前的調理方法製作，醋飯裡不加砂糖。關西風的散壽司則是由「京都壽司處 末廣」提供，該店流傳200年以上的「京風散壽司」完全不使用生的食材，可說是正統的關西風格。兩家店的散壽司都既美味又美觀，光用看的也很享受。

東京新鮮人不可不知的「東京關鍵」

～東京的地下鐵為什麼那麼複雜～

這次將東京的路線圖與大阪的路線圖進行對照比較，發現理解東京這座城市最大的關鍵之一，就是「意識到東京是以皇居為正中心」。人們常說「東京的地下鐵好複雜」，但只要掌握上述關鍵，想必就能克服這個問題。

透過路線圖便不難看出，大阪的地下鐵其實非常整齊，多條路線都像沿著棋盤格一樣井然有序地延伸，非常容易理解。與之相比，東京的地下鐵就很複雜，即使同樣位於市中心，也有車站很密集的地方與站距很長的地方。為了理解這種不規則的情況，皇居的存在將是關鍵所在。東京的前身江戶是以江戶城為中心逐漸發展，而江戶城所在之處就是現在的皇居；換句話說，皇居位在東京的中心，而其地底下並沒有地鐵通過。只要知道「東京中心有地下鐵無法通過的地方，當然汽車也不能通過」，勢必就能大幅加深對東京地理的理解。而像這種「東京的關鍵」，除了皇居之外還有很多。

東京意外地可以用走的

大家往往會被東京這個大都會的「大」字

嚇到，以為東京非常遼闊，但其實東京並沒有想像中大。像是從銀座到東京車站等地，不少情況下走路還比搭電車快，而從新宿走到澀谷也花不到一個小時。只要有「東京意外地可以用走的」這項認知，那麼即使電車因為地震等天災而停駛，也能從容不迫地決定「不妨用走的吧」。

東京只是緊張，並不冷漠

這是搞笑藝人又吉直樹先生在專欄「我的東京物語」（《東京新聞》2016/3/27）裡寫下的一句話，在我看來也是理解東京的關鍵之一。在東京如果突然被陌生人叫住，通常都不會是什麼天大的好事，而深知這點的人即便會因此感到緊張，卻並非所有人都生性冷漠。

只有走出家門，東京才會成為適居之所

對於即將在東京展開新生活的人，這是我

現在的皇居可說是非常知名的慢跑地點。這次看了大量的東京路線圖，包含過去的在內，有些在中央畫出皇居，有些則沒有。有時候真的光看路線圖也看不太懂，深深覺得還是畫出皇居比較好。

想告訴你們的關鍵。東京這座城市只有在到處走走逛逛、參加當地社群或活動時才會展現真正的價值，支付相對高額的房租也才更有意義。如果對藝術有興趣，東京有很多舉辦展覽的美術館；如果培養了某種嗜好，東京也不乏互相交流的社群。這就是東京這座大都市的最大優點。如果只是待在家裡，便無法體會東京的價值，還請走出家門，盡情到處走逛吧。

な行

は行

や行

ま行

ら行

蔥 _{ねぎ}

白色的是「東邊的蔥」

綠色的是「西邊的蔥」

「蔥」是每天的餐桌上不可缺少的配角，也是在關東與關西有著明顯差異的食材之一。關東的蔥通常指的是蔥白佔大部分，並呈現粗圓筒狀的「白蔥」；至於關西的蔥，則是葉子翠綠細長的「青蔥」。此處的照片以關東的「鴨南蠻蕎麥麵」作為東邊代表，白色的蔥可說是重要的點綴。製作這道料理的是位於東京品川的店家「品川翁」，店裡一概不使用蔥綠，而是先將蔥白烤出甜味再擺到麵上。而代表西邊的則是使用大量青蔥的「蔥烏龍麵」，提供這道料理的「祇園萬屋」位於京都，據說在這碗麵裡使用了 **7 ～ 8** 根蔥，給人好像在吃「涮青蔥」一樣的感覺。

何不將東西的蔥

搭配「麵條」品嘗？

　　作為西邊的代表所拍攝的「蔥烏龍麵」是出自「祇園萬屋」的料理，除了青蔥以外也加了大量的生薑，只要吃下這碗麵就能讓身體頓時發熱，似乎連感冒也能一下子就治好。另一方面，提供關東蔥料理的「品川翁」不只蕎麥麵美味，烤味噌、玉子燒等下酒菜也很受歡迎。在拍攝過程中，我一直想著下次一定要趁工作以外的時間來小酌一杯。

東

貓<ruby>ねこ</ruby>

㉑

「西邊的貓」較多形狀筆直的尾巴

「東邊的貓」較多前端彎曲的麒麟尾

前端彎曲的貓咪尾巴俗稱「麒麟尾」，據說在關西較少見，在關東較常見。有一種說法認為，這種不可思議的分布與名為「貓又」的妖怪傳說有關。所謂的貓又是一種尾巴分叉成兩條的貓妖，相傳如果尾巴又長又直的貓活得夠久（據說是 20 年以上），就會化為貓又，因此過去在深信貓又傳說的江戶一般都只飼養尾巴較短或尾巴彎曲的貓。相對地，麒麟尾貓咪的祖先據說來自海外，例如長崎正因為在江戶時代曾是海外貿易的窗口，因此麒麟尾的貓在這裡就很常見。

就連狛犬的尾巴
也不一樣

　　不只貓咪，鎮守神社的狛犬，在關東與關西也有著不同的尾巴。關東的狛犬尾巴比較多會像照片一樣往左右披散，這在關西幾乎是看不到的；至於關西狛犬的尾巴，則通常都往上翹。這次觀察了許多關東狛犬與關西狛犬的尾巴，造型各不相同，相當有趣。大家不妨也趁著旅行的時候多加留意一番。

暖簾
のれん

西

133

上方呈環狀的是「東邊的暖簾」

　　掛在店門口的門簾在日本稱為「暖簾」，其樣式在關東與關西也有些微差異。分辨的重點就在於暖簾的吊掛方式，將棒子穿過上方一個個環狀布圈（稱為「乳」）吊掛的是關東樣式，而將布簾上方縫成長條袋狀並穿過棒子吊掛的則是關西樣式。根據觀察所得到的印象，關東的暖簾幾乎清一色都是關東式，但在關西卻多多少少能看到一些關東式的暖簾。據說之所以會產生這樣的差異，是因為關東文化的本質是「外顯」，而以京都為中心的關西文化則著重「內斂」。

上方呈袋狀的是「西邊的暖簾」

可以看到一整排別具風情的「暖簾」
在東京的神田淡路町

　本書介紹的關西暖簾來自京都的「蛸長」，這家店也協助我們拍攝先前提到的黑輪（P14）。至於關東的暖簾則來自東京神田的甜點老舖「竹村」。竹村所在的神田淡路町另有主打鮟鱇魚鍋的「伊勢源」、雞肉壽喜燒鍋的「牡丹」等名店林立，形成一處高級典雅的空間。在這一帶歷史悠久的建築物裡品嚐的美酒堪稱一絕，千萬不可錯過。

女兒節米果
ひなあられ

「西邊的女兒節米果」
是以醬油等調味的鹹米果

「東邊的女兒節米果」
是以砂糖等調味的甜米果

　日本女兒節不可缺少的「女兒節米果」，也是關東與關西口味大不相同的點心之一。東邊的女兒節米果是由米粒爆開製成的「爆米香」，並以砂糖等調味的甜點心；關西的女兒節米果則是以醬油、海苔粉等調味的鹹甜口味。現在日本全國都以東邊的女兒節米果為主流，就連辭典裡介紹的也是這種。有一說認為，女兒節米果是源自當初為了方便在戶外品嘗女兒節不可缺少的「菱餅 ※」而將其切碎製成；若真是如此，那麼可以說以糯米製成的關西風鹹米果才是遵循古法的傳統形式。

※ 菱餅：是一種有粉紅、白、綠三層顏色並製成菱形的糯米點心。

節分祭撒的是哪種豆子？

　　如同女兒節米果一樣反映出節日形式多樣性的另一個例子，便是 2 月的節分祭「會撒什麼」。雖然大家都理所當然地認為喊著「福進來，鬼出去」的時候一定會撒「豆子」，但其實撒的是哪種豆子也會隨地區改變。想必多數人聯想到的都是右邊照片中的「炒大豆」，但在東北與北海道，卻有不少地方撒的是左邊照片中的「花生」。「鬼會討厭花生嗎？」大家或許會對花生作為武器的威力感到懷疑，但「撒出去之後收拾起來很輕鬆啊！」的意見確實很有說服力。在你心目中，節分祭時撒的又是哪種豆子呢？

咖哩烏龍麵好像不太一樣？

～雖然不確定，但總覺得有差～

這次我為了這本書，到處去問「關東與關西有什麼不一樣？」結果有朋友斬釘截鐵地回答：「關西戴帽子的人比較多！」讓我忍不住噗哧地笑了出來。明明只是單純的印象，卻可以說得那麼肯定，實在很有趣（但是我懂，因為我也這麼覺得。）

不過對於某些事情，我確實也有過雖然不確定，但總覺得東西兩邊不太一樣的感覺。

比方說咖哩烏龍麵。我在京都出生長大，而當時說到咖哩烏龍麵，就是把咖哩淋在烏龍麵上。假設前一天吃了咖哩飯，媽媽就會在隔天中午把淋著咖哩的烏龍麵端上來說：「吃吧，咖哩烏龍麵。」不只我家，學校營養午餐的咖哩烏龍麵也都採取這樣的做法，所以我一直以為咖哩烏龍麵就是這個樣子；然而，在東京吃到的咖哩烏龍麵卻都加了高湯。既然如此，直接把咖哩淋在烏龍麵上的咖哩烏龍麵，應該是關西風格吧？我懷著這樣的想法稍微做了點調查，結果發現京都似乎也有不少加入高湯的形式。我原本揣測這是因為店家也實在不好意

思端出只把咖哩淋在烏龍麵上的簡單料理，所以不知不覺間就變成了關東風格，但事情似乎沒有這麼簡單。咖哩烏龍麵的種類出乎意料地豐富，甚至有店家會先拌入高湯醬油再淋上咖哩。如果更加仔細調查，咖哩烏龍麵想必也有很強烈的地區色彩。

說到咖哩，先攪拌再吃似乎也是關西風格。我一直以為關西這種在咖哩打上生蛋，先拌一拌再吃的吃法極為普通，但來到東京之後，卻有不少人對此大吃一驚。據說在咖哩打上生蛋拌勻再吃的方式，是源自大阪的洋食老店「自由軒」。

我與山出攝影師一起去吃黑輪時，想起東西兩邊的「公筷文化」似乎也不太一樣。關西人即使吃大盤菜也很常用自己的筷子夾，但在東京好像就比較常用公筷夾取，就連吃火鍋也很少用自己的筷子直接夾。這或許因為東京聚

在關西看到好幾次沒有 4 號停車格的停車場，這是因為「4」的發音會讓人聯想到「死」。照片中的停車場也沒有 9 號停車格，因為日文中「9」的發音與「苦」類似，給人不吉利的感覺。以前很多地方都理所當然地沒有設置 4 號或 9 號的房間，但現在這種情況倒是很少見了。

集了來自四面八方的人，一想到「雖然我覺得用自己的筷子也無所謂，但其他人可能不喜歡……」所以才發展出了公筷文化。

此外這次到關西採訪時，好幾次都看到沒有「4」號車位的停車場，這樣的忌諱在東京似乎也比較少見。不過，這或許只是因為推崇合理性的大型資本逐漸入主經營東京的停車場，因此像這樣的迷信自然就沒有保留的餘地了。

雛人偶

ひな人形

眼尾細長的是「西邊的雛人偶」

眼睛圓亮的是「東邊的雛人偶」

　　3月3日「女兒節」裝飾的雛人偶，在關東與關西也偏好不同的長相。關東多為眼睛圓亮的可愛容貌，關西（尤其是京都）則以眼尾細長的傳統貴族風面孔為主。此外，殿下與公主（男性雛人偶與女性雛人偶）的排列方式也不一樣。一般來說，京都會將殿下擺在面對自己的右手邊，關東則會擺在左手邊；正如日本以左大臣的地位較高，左側（面對自己的右手邊）自古以來被視為上位，京都的雛人偶正是仿照此種慣例排列。另一方面，西洋以右側（面對自己的左手邊）為上位，而昭和天皇在即位儀式之際引進這樣的慣例，因此關東的雛人偶排列方式便以此為基準。

協助我們拍攝的店家「人偶久月」，是從江戶時代開業至今的人偶專賣店。採訪時拜訪的東京淺草橋總本店展示了各式各樣的雛人偶，當中近年來最受歡迎的是照片中有著現代風格臉孔的作品。雖然與傳統的雛人偶有著截然不同的特色，但人們的喜好顯然也是會隨著時間逐漸改變的。連我的女兒（5歲）也喊著「我想要這個」呢。

火鉢
ひばち

有外緣的是「西邊的火缽」

沒有外緣的是「東邊的火缽」

　　可以用來烤手取暖的日本火缽，在東邊與西邊也能發見形狀的差異。西邊的「關西火缽」在火爐的四周附有 10 公分左右的外緣，可以用來放置茶杯、瓷碗之類的器具，並在火爐旁圍坐一圈。至於東邊的「關東火缽」則沒有外緣，通常為 1～2 人使用，而且有上下座的區別，照片中靠畫面前方為上座，另一邊是下座。造成兩邊火缽不同的原因，也許是因為相對寒冷的東日本一般家裡都備有地爐，因此火缽普遍被當成個人的取暖設備；西日本地區則因為比較溫暖，地爐不是每戶都有，所以火缽便成了可供全家一起取暖的設備。

對火缽注入熱情的煤炭店「株式會社 增田屋」

　　這次協助拍攝的是位於東京都大田區的「株式會社增田屋」。店內雖然販賣種類豐富的關東、關西火缽，但實際上是擁有80年歷史的煤炭老店，還附設有展示煤炭與火缽的展覽空間。據說店家是在買賣煤炭時也開始對火缽產生感情，於是開始收集、修理與販賣火缽。聽著店裡的人說：「在火缽旁溫酒、烤魷魚吃，真的非常享受喔！」讓我心中不禁有了想要買個火缽的想法。有興趣的人可以參考增田屋的網站（http://www.masudaya.co.jp/）。

魚刺夾
ほねぬき

流暢彎曲的是「東邊的魚刺夾」

　　魚刺夾是用來夾除魚刺的工具，而這種簡單的廚房用品其實也有東西之別。關東式的魚刺夾形狀細長，關西式的魚刺夾則如同照片所示，有明顯的「く」字形彎曲。這種形狀上的差異源自於關東較常烹調竹筴魚或沙丁魚等魚刺細小的魚，關西則較常烹調鯖魚或鯛魚等魚刺粗大的魚。但無論是關東式還是關西式，只要是具有適當彈力、夾口能夠緊密貼合的日本製品，據說用起來都比其他同類產品更加順手。

調理器具的專家「合羽橋 飯田屋」

　　協助提供「魚刺夾」與「玉子燒鍋」（P108）的是位於東京合羽橋的「飯田屋」。這家店創業於大正元（1911）年，為我們做介紹的第6代老闆飯田結太先生自稱是個「狂熱的調理器具愛好者」，且確實擁有非常豐富的商品知識。而供我們拍攝的空間也擺著20個左右各具特色的平底鍋，飯田先生更愉快地表示「這些我全都親自試用過喔」。關於調理器具的問題，我想只要問他準沒錯。

名山
めいざん

「東邊的名山」是筑波山

「西富士，東筑波」這句話是在形容東西齊名的兩座名山。想當然「富士」指的就是富士山，至於「筑波」則是指位於茨城縣的筑波山。後者同樣是自古以來常常出現在詩歌裡的「日本百名山」之一，例如百人一首當中就收錄了這麼一句：「仰望筑波山，男女川自九天落，相思如川水，涓滴細流積成潭。」雖然富士山一般給人位在東邊的印象，但這裡之所以形容「筑波山在東，富士山在西」，是因為採用了江戶（東京）的視角。對於以前住在江戶的人來說，往西能看見富士山，往東能看到筑波山，可見兩者都是聳立於平地之上，從遠處便能望見其身影的雄偉名山。

「西邊的名山」是富士山

浮世繪〈名所江戶百景〉中描繪的富士與筑波

　　〈名所江戶百景〉系列是活躍於江戶時代後期的浮世繪師歌川廣重晚年的傑作，其中包含了 19 幅描繪富士山以及 11 幅描繪筑波山的作品，由此可見這兩座名山在江戶風景中的重要性。左圖描繪筑波山的作品是〈名所江戶百景〉中的〈隅田川水神之森真崎〉，富士山的畫則名為〈八見橋〉。該系列甚至包含了因梵谷曾加以臨摹而廣為人知的作品，堪稱日本聞名世界的名作，就算只是單純欣賞也非常有趣。

從晴空塔眺望的筑波山。只能勉強看出稜線

這是從晴空塔眺望的富士山，雖然朦朧，但依然很有存在感

星空下的筑波山，映照出稜線的是市區黃色的燈光

攝影師專欄　我是這樣拍的

其3

說到「名山」就是日出的青筑波
對上日落的赤富士

　　如果想在現代的東京拍攝「富士」與「筑波」，就只能仰賴晴空塔了。我看準天氣晴朗的日子來到離地 350 公尺的展望台上，試著以 300mm 的望遠鏡頭拍攝筑波山，但拍出來的照片只能勉強看出輪廓，毫無美感可言。雖然我繼續等待更晴朗的日子到來，但眼看接下來就是花粉紛飛的季節，讓我相當絕望。

以樹木為前景的照片。廣重也有畫出的樹木造型獨具魅力

既然遠山朦朧，拍不出好的照片，那就只好去更近一點的地方拍了。我在地圖上將筑波山與東京連成一直線，在這條線上尋找能拍出筑波山美景的地方，但試拍之後發現由於新綠的季節還早，不僅山體本身沒有色彩，周圍的水田或旱田也仍是一片土色，實在很難拍出美麗的照片。

拍攝風景照時，經常得仰賴雲或是天空的幫助。畢竟即使風景平凡無奇，也還是能藉由雲的表情或天空的漸層拍出有趣的照片。於是我在深夜從東京出發，期待朝陽能助我一臂之力；藉由月光確定攝影地點後，我在隱約聽見鳥鳴之際拍下了日出時的山峰。從照片可以發現，廣重顯然將山變形了不少呢。

拍完夕陽後，勇猛的業餘攝影師們在車上過夜等待日出

至於富士山，則是我從山中湖東邊的觀景台拍攝的。儘管我想以「日出的青筑波」搭配「日落的赤富士」，但實在沒那麼容易，只能再多加精進技術了。

（文字／照片・山出高士）

搭配山中湖的取景。夕陽從山頂附近西沉的景象會出現在10月中旬與2月下旬

屋頂 <ruby>屋<rt>や</rt></ruby><ruby>頂<rt>ね</rt></ruby>

㋩西

以茅草堆成的是「東邊的屋頂」

以瓦片砌成的是「西邊的屋頂」

在過去，房子的屋頂也有一定的地域性。比方說茅草堆成的屋頂主要可見於東北、信州等雪量豐富的地區，當地的屋頂由蘆葦、麥稈等草類堆成，兼具隔熱性與通風性，加上便於除雪，因此在降雪地區十分普遍。但由於不耐火災，所以在祝融頻傳的江戶或風勢強勁的北關東平原並不常見，只不過相較之下依然可以說是能夠代表東日本的屋頂。另一方面，瓦片屋頂兼具重量與耐用性，因此適合易遭颱風侵襲，或是可採集優質黏土作為製瓦原料的地區。瓦片的產地雖然遍布全國，但基本上仍是屬於西日本屋頂的特色。順帶一提，茅草屋頂的房子之所以經常設有地爐，是因為地爐的煙可以去除濕氣、防止蟲害。

屋頂令人印象深刻的「西湖療癒之鄉根場」以及「須賀利」

　　為了拍攝茅草屋頂，我們拜訪了位於山梨縣富士河口湖町的「西湖療癒之鄉根場」。這個可以眺望富士山的場所在過去被稱為「日本最美的茅草屋聚落」，現在則化身為重現「日本鄉村風景」的設施，除了設有 20 棟有著茅草屋頂的房屋，還有燒炭小屋與水車等等。另一方面，瓦片屋頂則是在三重縣尾鷲市的須賀利町拍攝。這裡有著成排的瓦片屋頂，至今仍保留了昔日的漁村風光。

隔絕海與小鎮的堤防。雖然道路愈來愈窄，但可從堤防的空隙前往海邊

貫穿小鎮中心的巷子，連接到通往普濟寺的石階

從石階上眺望的風景。隔著海港可以看到日和山，山的另一邊是熊野灘

攝影師專欄　我是這樣拍的

其 4

西邊的「屋頂」是取景自海的顏色千變萬化的漁村

從距離名古屋約 170 公里處的海山交流道下高速公路後沿著海邊行駛，越過一座山頭便會抵達一處開闊的漁村。只可惜這裡還不是須賀利。直到 1982 年縣道完成之前，須賀利是個開車到不了的地方，往來仍以巡航船為主，因此也不難理解這裡為何會交由海的另一側的尾鷲市管轄。

越過第二座山頭就能在左手邊看見開闊的海灣，右手邊

雖然人口減少許多，但瓦片屋頂依然壯觀

則是沿著坡道綿延的瓦片屋頂民房。這座小鎮的頂點是鎮上唯一的寺院——普濟寺，有著特別氣派的瓦片屋頂。再往下走，海邊的道路變得愈來愈窄，雖然大海被隱藏在防波堤之後，但民房與海的距離卻近得驚人。港邊停靠著幾艘大船，正在曬太陽的老太太說：「以前靠著養殖賺了不少錢吶，但現在頂多只能捕捕蝦了。」

雖然前往普濟寺必須爬上陡峭的石階，但還不至於讓人氣喘吁吁。我從彷彿鑲嵌在小鎮上緣的山路上，拍出了瓦片屋頂的街景與海灣具有遠近感的遼闊風景。

從海邊拐進一條像是主要道路的通路，但有些地方連車輛都無法通行

偶然遇見的住持告訴我說：「山的綠色啊，倒映在海裡就會變成各種不同的顏色呢。」也就是說，各個季節的光線、山的色彩以及海的色彩交融在一起，形成了複雜的變化。「完全看不膩啊。」曾經獲選為日本鄉村百選之一的須賀利有著百看不厭的山、海與瓦片屋頂所形成的美景，值得來此一瞧。

（文字／照片・山出高士）

透明的海水。造訪當天為 1 月 5 日，船隻掛著大漁旗祝賀新年

落語家
<ruby>落<rt>ら</rt></ruby><ruby>語<rt>く</rt></ruby><ruby>家<rt>ご</rt></ruby>

らくごか

表演時面前擺著「見台」與「膝隱」的是「西邊的落語家」

表演時面前什麼都沒有的是「東邊的落語家」

關東的落語稱為「江戶落語」，關西的落語則稱為「上方落語」。除了名稱不同以外，表演的形式也有些差異。關西「上方落語」的表演者前方有個類似屏風的隔板，稱為「膝隱」，可用來遮擋凌亂的和服下襬；而膝隱的後方則擺著稱為「見台」的小桌子，可以用「小拍子※」與「張扇※」敲出聲音。相較於過去江戶的落語家會被邀請到宴會等室內場合表演，但上方落語則多半是在神社的戶外場地拉客演出，因此為了吸引行人注意，才發展出敲打見台的演出形式。不過到了現代，根據段子或是落語家的作風，「見台」與「膝隱」已經不是必備的道具。

※ 小拍子：類似驚堂木的小木塊。
※ 張扇：即落語用的扇子。

有幸聽到柳家小先老師與生喬老師的表演

　　協助我們拍攝關東落語家的是位於東京淺草的「淺草演藝廳」與柳家小先老師，關西落語家則是位於大阪市北區的「天滿天神繁昌亭」與笑福亭生喬老師。面對我們任性的要求，兩位老師笑著一口答應，能夠如此近距離欣賞他們的表演實在太幸福了。雖然拍攝的時間都是平日白天，但場內依然座無虛席，讓人重新認識到落語的魅力與人氣。

造成東西差異的事物

～稻作其實是西邊的文化～

「稻米的產量是東邊多還是西邊多呢？」

現在如果問這個問題，想必多數人都會回答「東邊」。說到「日本的米倉」，人們通常都會聯想到秋田、宮城、新潟等地，應該很少人會列舉西邊的地名；然而「東邊＝米倉」是近代以後的認知，如果往前回溯，就會發現稻作其實是關西的文化。

蕎麥文化之所以深植於關東，原本是因為關東寒冷的氣候很難種出稻米，相對耐寒的蕎麥於是得以普及；但後來由於培育出不畏寒冷的稻米品種，才讓稻作文化逐漸擴張至東日本。如此一來，比起颱風經常登陸的西日本，稻子在東邊反而更容易生長，使得稻作在不知不覺間成了東邊的代表作物。不過從文化上，還是可以看見「稻作＝西邊」的痕跡，例如前面介紹的「西邊的線香花火」（P82）使用了稻稈製作就是很好的例子。

這麼一看就會發現，東西的差異很多都源自於歷史有些久遠的日本文化。

東邊寒冷，西邊溫暖

這樣的差異不只影響稻作文化，也促成了房屋構造的差異。一般認為東邊是地爐文

化，西邊則是爐灶文化；先前提到的東西火缽之別（P146），想必就與氣候的不同有關。

東邊多武士，西邊多商人

這種源自江戶時代的人口組成，多半影響了門牌的尺寸（P98）。此外人口組成的差異也以「東邊偏好瀟灑，西邊偏好優美」的形式具體化，進而讓兩邊的傳統文化有了不同的風貌。

西邊傳統，東邊大眾化

這可以說是我在本次採訪中體會到的東西差異源頭之一。坐墊壓線（P54）就是個很好的例子，在重視傳統的西邊流傳的繁複事物一旦傳入人口眾多的東邊，就會出現大眾化（或是「簡略化」）的傾向。其他像是雛人偶（P142）的差異，想必也是其中一例。

「銅像」也是東西有別的例子之一。商人文化興盛的關西似乎對權力較為反感，因此銅像的數量比關東要少。雖然這種透過追溯歷史做出的推斷無法確定真偽，但大阪確實很少看到銅像。此外，據說大阪人也不太會將銅像當成會面點。照片中是設置於大阪 JR 東西線北新地附近的「北野恐龍」銅像。雖然當初建造的目的似乎是用來當作碰頭的地標，但或許是因為位置關係，顯然很少人會約在這裡面。

由此可見，若是思考「是什麼造成了東西差異？」最終都會歸因於日本的歷史。這樣的思考冒險其實非常刺激有趣，希望各位也比起只是發現哪裡不一樣，更試著探索為什麼會不一樣。這麼一來，我想肯定能讓東西大不同這個主題變得更加有趣。

撰
文
．

岡
部
敬
史

「此去擱筆留東路，飽覽西國眾名勝」

這是浮世繪師歌川廣重的辭世詩句，意思是「把筆留在江戶展開旅程，接下來想好好欣賞另一個世界的名勝」。可見廣重即便離開人世，也依然對風景百般著迷，非常符合他風景畫大師的地位。詩中使用的「東與西」與本書有著異曲同工之妙，或許也是因為如此，才讓我第一眼看到就非常中意。這次為了關於「名山」的篇幅調查了不少歌川廣重的生平，發現他除了畫作有趣，在理念與創意上也帶給我很大的刺激。我希望把這樣的心情當成動力，催生出下一個新的企畫。

這本「東西大不同」的企畫其實是來自本書的前身《詞彙大不同》的專欄──「鏟子與圓鍬在東邊與西邊指的是不同的東西」。由於該專欄大受好評，所以讓我興起了製作本書的想法。書就像這樣，一本會生出下一本，也請大家期待接下來的作品。

這次的拍攝尤其感謝各方提供的協助，我也要藉此機會對設計師佐藤美幸女士、東京書籍的藤田六郎先生，以及攝影師山出高士先生致上莫大的感謝。

攝影・山出高士

我出生的故鄉是位在三重縣伊勢市旁的小鎮，或許是因為受到名古屋的影響，家裡的味噌湯用的都是紅味噌。28 年前我剛來到東京時，這裡的超市既沒有販賣紅味噌，也沒有永谷園的「紅味噌湯沖泡包」，讓我覺得非常落寞。我記得當時在赤坂豐川稻荷神社的茶屋吃醋拌涼粉時被出乎意料的醋嗆到、批評納豆聞起來根本不像食物、還因為串燒店光明正大地端出只使用蔥白的蔥燒雞肉串而憤慨不已。

然而，如今老家的餐桌上不僅會端出納豆，母親也會一邊說著「得去買惠方捲※ 才行」一邊前往便利商店。而老家的傳統點心「飯糰仙貝」現在在東京也買得到了。由於物流的發達、資訊傳遞速度變快的關係，地區差異正快速縮小，很多事物已經變得難以清楚區分東西。希望大家可以邊看這邊書邊點頭、邊吐槽，或是打開話匣子，聊聊自己故鄉引以為傲的事物。

本書已經是整個系列的第 7 本，但參與製作的依然是原班人馬的 4 人。雖然我們這群四重奏已經堅若磐石，但我在此還是要對負責編輯、執筆、企畫的岡部先生、設計師佐藤美幸女士、東京書籍的藤田六郎先生致上謝意，同時也非常感謝協助攝影的所有人。

結語

※ 日本在 2 月節分的時候吃的壽司捲，據說發源於大阪。相傳如果朝著當年惠方神來到的方位（即「惠方」）吞下整條壽司就會帶來好運。

撮影協助　*省略敬稱

浅草演芸ホール

熱海湯

飯田屋

一般社団法人 落語協会

株式会社 梅園

株式会社 奥野かるた店

株式会社 久月

株式会社 七味家本舗

株式会社 蛇の市本店

株式会社 鶴屋八幡

株式会社 廣部硬器

株式会社 増田屋

株式会社 松根屋

神田志乃多寿司

木下水引株式会社

京のすし処 末廣

祇をん 萬屋

倉敷考古館

公益社団法人 上方落語協会

COFFEE HOUSE maki

国立歴史民俗博物館

西湖いやしの里根場

しながわ翁

笑福亭生喬

竹殿湯

蛸長

長命寺桜もち 山本や

筒井時正玩具花火製造所

天満天神繁昌亭

那須野が原博物館

日本玩具博物館

日本橋 お多幸本店

BAR TOGO.T

やげん堀　七味唐辛子本舗

柳家小せん

有限会社 ぎをん小森

わたや森

主要參考書目

《赤瀬川原平が選ぶ 広重ベスト百景》
(赤瀬川原平著，講談社)

《絵引 民具の事典》
(岩井宏實監修，河出書房新社，繁體中文版由遠足文化出版)

《かつて誰も調べなかった 100 の謎》
(堀井憲一郎著，文藝春秋)

《勝手に関西世界遺産》
(石毛直道等合著，朝日新聞社)

《関東人と関西人》
(樋口清之著，PHP 文庫)

《広辞苑 (第四版)》
(新村出編，岩波書店)

《THE 狛犬！コレクション》
(三遊亭円丈著，立風書)

《小学漢字学習辞典》
(下村昇編著，偕成社)

《大辞林》
(iPhone APP，物書堂)

《東と西の語る日本の歴史》
(網野善彦著，講談社学術文庫)

《日本の暖簾—その美とデザイン—》
(高井潔著，グラフィック社)

《残したい日本の美 201》
(田中優子監修，長崎出版)

《目からウロコの民俗学》
(橋本裕之編著，PHP 研究所)

岡 部 敬 史

1972 年出生於京都府,早稻田大學第一文學部畢業。曾在出版社工作,現在則以作家、寫手的身分展開活動。著作包括《用眼睛看的詞彙》《詞彙大不同》《用眼睛看的漢字》(東京書籍),《基礎教養　日本史的英雄》(扶桑社)、《風雲人物指南解體新書》(LEED社)等,並經營個人部落格「岡部敬史編輯記」。

山 出 高 士

1970 年出生於三重縣。師事梅田雅揚,1995 年開始成為自由攝影師。除了與《散步達人》(交通新聞社)、《周刊 SPA!》(扶桑社)等雜誌媒體合作,也參與「川崎大師」的海報製作。2007 年開始以小小的工作室「GAMASUTA」為據點活動。著作包括《用眼睛看的詞彙》《詞彙大不同》《用眼睛看的漢字》(東京書籍)等等。也在《改變人生的 50 道昆蟲料理》(木谷美咲、山內昭一著／山與溪谷社)一書中負責攝影。

日本大不同：決戰東西篇

くらべる東西

文字	岡部敬史
攝影	山出高士
譯者	林詠純
執行長	陳蕙慧
行銷總監	李逸文
行銷企劃	尹子麟、張元慧
編輯	陳柔君、徐昉驊
封面設計	廖韡
排版	簡單瑛設

社長	郭重興
發行人兼	
出版總監	曾大福
出版者	遠足文化事業股份有限公司
地址	231 新北市新店區民權路 108-2 號 9 樓
電話	(02)2218-1417
傳真	(02)2218-0727
郵撥帳號	19504465
客服專線	0800-221-029
網址	http://www.bookrep.com.tw
Facebook	日本文化觀察局
	（https://www.facebook.com/saikounippon/）
法律顧問	華洋法律事務所 蘇文生律師
印製	呈靖彩藝有限公司

國家圖書館出版品預行編目 (CIP) 資料

日本大不同.決戰東西篇 / 岡部敬史文字；林詠純譯 .-- 初版 .-- 新
北市：遠足文化, 2019.11
　　面；　　公分
譯自：くらべる東西
ISBN 978-986-508-038-9（平裝）

1. 風俗　2. 文化　3. 日本

538.831　　　　　　　　　　　　　　　　108016686

初版一刷　西元 2019 年 11 月

Printed in Taiwan